AF337765

ENCORE

UN MOT

SUR

L'ÉGYPTE

PRIX : UN FRANC

PARIS

IMPRIMERIE ARNOUS DE RIVIÈRE ET Cᵉ

26, RUE RACINE, 26

1876

ENCORE
UN MOT
SUR

L'ÉGYPTE

— Un mot; — le moment est venu de le dire.

Une partie importante de nos économies et de la fortune publique est placée en valeurs égyptiennes.

La situation présente exige qu'on s'en préoccupe.

Qu'on ait voulu ridiculiser notre anxiété trop justifiée, — dans un certain monde plus ou moins intéressé à montrer la situation de l'Égypte tout en rose, — et annoncer comme prochain le relèvement des finances du pays, par l'accroissement de ses ressources et de son crédit; — cela, disons-nous, ne peut nous étonner.

Cette confiance affectée reposerait sur la réalisation du grand projet financier ayant pour titre : « *Consolidation de la dette flottante de l'Égypte.* »

Il est clair qu'au point de vue de l'Égypte en général, — et des porteurs de titres en particulier, — nous souhaitons aux pourparlers une prompte solution; car, en l'absence d'événements, l'anxiété générale prend trop souvent les proportions et les formes de la panique.

N'était même, — on peut le dire, — la dépêche du

1ᵉʳ avril, annonçant que le Khédive vient d'exprimer par télégraphe le désir de voir publier en entier le rapport de M. Cave, nous ne pourrions prévoir à quels nouveaux soubresauts s'abandonnerait l'opinion.

Bien qu'on ait fait beaucoup de manières pour nous montrer ce fameux rapport; et qu'avant de nous en découvrir même la partie financière, on se soit longuement fait tirer l'oreille : — nous prenons acte, avec joie, des assurances qu'on nous donne de la parfaite innocuité de sa teneur.

Nous n'essayerons pas de le préjuger.

Mais d'abord : — si le rapport de M. Cave était si favorable au crédit de l'Égypte; — pourquoi le Khédive ne s'est-il pas empressé, lors de son achèvement, d'en demander la publication ?

N'aurait-il donc obéi aujourd'hui qu'aux impatiences de ses créanciers; et ne s'y serait-il décidé que par absolue nécessité : — comme, — lorsque dans une maison atteinte par l'incendie, on y fait la part du feu.

Enfin, ne pleurons plus.

Voici le rapport déposé sur le bureau de la Chambre des communes. — Déjà des soupirs de satisfaction s'échappent de toutes les poitrines; et les obligations remontent au cours de 300 francs, grâce, — nous dit-on, — aux rachats empressés du découvert.

C'est bien; — mais attendons !

N'est-ce pas pour nous annoncer aussitôt et sans perdre haleine, la grande opération précitée, sous les espèces d'un nouvel emprunt destiné à rendre la chose possible ?

Et quand cela serait : — Avons-nous lieu de nous en étonner; puisqu'on ne peut aujourd'hui faire de consolidation, sans ce minime détail ?

Non ! mais cet emprunt : — c'est un nouvel appel fait à l'épargne ; — et telle est la situation de notre place, qu'il est fort à craindre que la souscription, — pour une partie très-importante du moins, — n'en soit faite par le capital français.

Mais enfin, répondez : — le Vice-Roi d'Égypte ressemblera-t-il à ce fils de famille dont on paye plusieurs fois les dettes ; et qui, finissant par épouser une héritière, se range et devient sur le tard marguillier de sa paroisse ?

Ou bien, n'est-ce après tout qu'un homme d'affaires, engagé dans des spéculations malencontreuses et dans un train de maison excessif, — qui, après avoir lutté toute sa vie et être resté constamment au-dessous de ses affaires, finit par assister à sa propre ruine, en entraînant celle des autres ?

Dans les divers emprunts que l'Égypte a faits jusqu'à ce jour, les bases de garantie données ont été nécessairement les revenus du pays.

Mais ces revenus se sont toujours montrés inférieurs aux recettes. — D'où cela vient-il ?

Les nations les plus intéressées s'en sont émues ; et c'est ce qui les a déterminées à envoyer des économistes en Égypte pour indiquer au Khédive les réformes à faire dans le pays.

C'est évidemment une chose très-louable et qui, si elle était même suivie d'effet, pourrait permettre au Khédive de faire face, *pour quelques années du moins,* au payement des intérêts de sa dette.

Mais croit-on que ces réformes puissent être assez complètes pour être d'une réelle efficacité ?

Quant à nous, nous ne le croyons pas.

Et c'est pourquoi nous prenons la plume afin de prémunir nos concitoyens contre toute illusion à cet égard.

★

En écrivant cette brochure, notre intention est d'être tout à fait impartial et, par conséquent, plutôt bien disposé en faveur du pays que nous nous permettons de juger.

Nous ne songerons point à faire un exposé de la situation financière, bien que ce soit là la cause déterminante de cet écrit ; car cet exposé a été fait récemment, et d'une manière très-supérieure, dans une brochure (1) à laquelle nous renvoyons le lecteur, en le priant de s'en bien pénétrer.

Cette brochure que l'on peut considérer, à notre avis, comme le compte courant du gouvernement égyptien, peint les embarras financiers de celui-ci sur le vif ; — et nous n'aurions rien à gagner à traiter la question de seconde main.

Notre but est de prendre la chose de plus haut, — nous qui voulons des placements d'avenir, — et d'expliquer sur quoi s'appuie la méfiance qu'on nous reproche trop impudemment à chaque nouvelle baisse des valeurs.

C'est par des considérations purement morales, et des arguments irréfutables, que nous allons essayer de montrer jusqu'à quel point on a droit de compter sur le relèvement prochain de l'Égypte.

Là nous tenterons de prouver, que si le Khédive ne

____

(1) Le titre de cette brochure est : *L'Égypte est-elle solvable?* — A Paris. chez Casimir Pont, 97, rue de Richelieu.

tient pas compte des exigences du siècle où nous vivons, et ne met pas en pratique les réformes indispensables, — réformes desquelles, à vrai dire, il ne semble pas se douter le moins du monde, — tous les essais que l'on fera seront en pure perte.

*

Nous avons entendu bien souvent des hommes sérieux et compétents raisonner sur l'Égypte. Que de personnages éminents sont venus en touristes la visiter, et en ont rapporté les idées plus ou moins erronées qu'on amasse en passant rapidement !

Quelques-uns, — et nous parlons de ces quinze dernières années, — ont touché superficiellement à l'administration, aux mœurs et au caractère du peuple égyptien. Beaucoup ont fait des récits tellement exagérés en magnificence, — récits que leur suggéraient à la fois la grandeur historique de l'Égypte, la nouveauté du lieu et les libéralités vice-royales, — qu'ils finisssaient par voir dans chaque palmier qu'ils rencontraient sur leur route un objet d'admiration.

Mais cela ne nous disait guère, dans quelle situation précise se trouve le pays dont nous nous occupons ici ; et ne nous montrait qu'à travers des descriptions trop pittoresques, les misères du peuple qu'il est de l'intérêt et du devoir de l'Europe de bien connaître aujourd'hui.

— * —

Le gouvernement égyptien a dit et répété, — lors de ses grands emprunts, — qu'il n'avait d'autre but

que de faire entrer le pays dans la voie de la civilisa-
tion.

C'était, disait-on, pour faire des canaux, des bar-
rages, des ponts, des chemins de fer, en un mot des
travaux publics indispensables ; afin de créer de nouveaux débouchés à la production commerciale et agri-
cole de la contrée.

On ne nous parlait point là des dépenses personnelles du Khédive, et des dilapidations énormes qui
sont comme l'attribut obligé de toute administration
orientale.

★

Sans doute, le gouvernement du Khédive a fait de
réels essais pour faire progresser le pays.

Bien injuste serait celui qui prétendrait le contraire.

Il a coopéré pour une bonne part à l'ouverture du
canal de Suez ; et c'est ce qui, — grâce à l'infatigable
persévérance d'un Français, et malgré les crocs-en-
jambe que donnait à celui-ci le ministère égyptien :—
c'est ce qui, disons-nous, contribue aujourd'hui plus
que toute autre chose à l'illustrer.

Il a bien aussi fait d'autres canaux secondaires, et
notamment celui qui doit rattacher le Nil au canal de
Suez.

Aussi, il a commencé le port d'Alexandrie et, par
cela, contribué à en faire le grand marché de l'Afrique.

Or, à part l'*haussmanisation*, excellente en principe, de la ville du Caire, mais superficiellement étudiée
et pitoyablement comprise ; à part l'effort manifeste
tenté par le Khédive, dans le but d'implanter l'art
dramatique dans sa capitale, effort dont nous craignons fort qu'il se fatigue bientôt : — nous ne voyons

plus tant de grands travaux menés à bonne fin, ni de débouchés nouveaux ouverts à l'industrie, ni de sources de fortune sérieusement explorées ; — à part ceux et celles dont nous allons parler tout à l'heure.

Mais les chemins de fer ? — allez vous nous dire. Oh ! les chemins de fer en Égypte ! — L'établissement en est peu coûteux ; et pas du tout comparable à celui de chemins analogues dans nos pays d'Europe en général.

Le pays, étant absolument plat et dépourvu d'affluents au Nil, n'exige point, à beaucoup près, autant de travaux d'art : — ce qui est, comme chacun sait, la partie la plus onéreuse en matière de chemins de fer.

*

Ainsi, tout cela additionné, le total représente-t-il l'ensemble des dépenses extraordinaires inscrites à la dette de l'Égypte ?

A notre avis : la différence entre ces deux chiffres, nous devons la chercher dans tout autre chose que dans des applications utiles.

Cette situation est très-grave, en vérité ; et vraiment, fussions-nous moins jaloux de nos intérêts, que nous ne consentirions pas à prêter de nouveau sur un passé si peu rempli.

Nous savons bien que par l'emploi du mot *prêter*, — bien qu'on ait déjà revêtu la transaction du nom d'emprunt, — nous ne répondons peut-être pas exactement au grand projet dont on nous promet la réalisation. Pourtant la consolidation qui en est l'objet n'est, comme nous l'avons admis précédemment, qu'une manière d'emprunt ; et la combinaison, quelle qu'elle

1.

soit, ne prendra nom que du jour où les clauses en seront bien connues du public.

*

Il est temps enfin, qu'on sache les raisons qui rendent impossible toute administration présente et future avec les conditions actuelles ; et qu'on mette du même coup le doigt sur la plaie qui ronge l'Orient, puisque sans cette guérison il n'y a pas d'avenir assuré.

— Mais cette plaie, où gît-elle ?

Pour nous, — et pour tous ceux qui connaissent l'Orient : — elle s'abrite en grande partie sous le luxe des grands ; entre les jasmins, les lauriers-roses et les orangers ; — elle se cache, hideuse, sous les couleurs les plus éclatantes, et mortelle, sous les reflets les plus séduisants, en dépit des illusions dont notre esprit se plaît à la couvrir.

Elle est dans le harem :

C'est-à-dire, dans l'établissement même de la famille.

*

Voyons, à ce sujet, ce que dit l'auteur de *Trente ans dans les harems d'Orient* (1), ouvrage qui fut avec raison très-remarqué lors de son apparition.

Ce simple extrait jettera, nous l'espérons, un grand jour sur la question.

« La vie de famille est en réalité inconnue chez les
« Turcs. La loi du Koran, qui divise le genre humain
« en deux classes distinctes, les hommes et les

---

(1) *Trente ans dans les harems d'Orient*, par Mme Kibrizli-Méhemet-Pacha. — A Paris, chez Dentu.

« femmes, n'admet pas l'existence d'une famille dans
« laquelle chacun de ses membres peut vivre de la
« même vie et faire partie d'un tout harmonieux. Dans
« la société musulmane les hommes ont des idées,
« des habitudes et des intérêts séparés, tandis que,
« d'autre part, les femmes en ont d'autres qui leur
« appartiennent exclusivement. Ainsi, des personnes
« qui prétendent faire partie d'une seule et même fa-
« mille n'ont en réalité rien de commun entre elles :
« — ni appartements, ni biens, ni meubles, ni amis,
« ni même les mêmes heures pour se reposer. — Le
« selamlik (1) et le harem sont par conséquent deux
« établissements séparés, situés à côté l'un de l'autre,
« où chacun fait ce qu'il lui plaît : les hommes d'un
« côté, les femmes de l'autre. L'autorité du chef de
« famille, quand il est en position d'exercer quelque
« autorité, est le seul point de rapport, le seul lien
« d'union entre ces deux moitiés du même ménage.

. . . .

« Si, d'un côté, les hommes sont prodigues et dissi-
« pent leurs ressources, d'un autre côté les femmes
« ne manquent pas d'en faire autant. Les efforts faits
« des deux parts, pour avoir le dessus et se surpasser
« les uns les autres en magnificence, engendrent une
« sorte de rivalité entre les deux éléments. Le maître
« de la maison, Pacha ou Effendi, joue généralement
« le rôle de modérateur entre les différents membres
« du sérail; mais ce rôle, ayant son origine plutôt dans
« l'égoïsme que dans un désir réel de modération, se
« borne généralement à deux points : s'assurer la

(1) Appartement des houries et lieu de réception.

« pleine jouissance du harem et entretenir la splen-
« deur du selamlik.

« Si le Pacha atteint son but, c'est-à-dire s'il jouit
« de l'un de ces plaisirs mondains et peut satisfaire
« l'autre, il n'attache aucune importance à tout le
« reste et ferme les yeux sur les vols commis par ses
« domestiques, et sur les extravagances et les excês
« de ses femmes.

« Les Pachas, qui n'ont souci que de leurs plaisirs et
« de la satisfaction de leurs désirs, laissent l'entière
« gestion de leurs maisons aux mains d'un intendant,
« *Kiaiah* (1) qui fait beaucoup pour soi et très-peu
« pour autrui, et qui finit souvent par plonger le
« Pacha dans les dettes jusqu'au cou. Ces Pachas, d'un
« esprit sagace, sont d'avis qu'il est bien plus avan-
« tageux de s'occuper de vols sur une grande échelle,
« dans l'administration des affaires, que de se troubler
« la tête de petits larcins de détail commis par leurs
« intendants et leurs domestiques. Ainsi s'établit
« entre le maître et le serviteur une sorte d'intelli-
« gence tacite, en vertu de laquelle chacun vole du
« mieux qu'il peut, l'un en gros, l'autre en détail. »

Nous demandons pardon à nos lecteurs d'avoir fait
cette longue citation. — Mais tout l'Orient est là dé-
crit en quelques mots : cet Orient, dont les intérêts
commencent sensiblement à devenir les nôtres.

Il n'était donc pas indifférent de rappeler une sem-
blable étude de mœurs, — puisqu'elle peut servir à
éclairer un côté de la grave question dont s'occupent

____

(1) Nous ferons remarquer que le livre dont nous avons parlé a
été écrit à Constantinople. — En Égypte l'intendant ne s'appelle
point *Kiaiah*, mais *Wakil*. En revanche, les choses sont absolument
les mêmes.

aujourd'hui, avec un égal intérêt, les puissances intéressées.

Qu'est-ce que coûte le harem ? —

*

Pour le fellah pauvre, affligé de quelque vieille guenon, — rien ; — sinon parfois quelques coups de trique, et du pain souvent indigne de ce nom.

Pour le Pacha majestueux qui entasse palais sur palais, résidences princières sur domaines, ameublements richissimes sur jardins merveilleux, chevaux de luxe sur équipages, femmes légitimes sur concubines, domestiques sur eunuques, — cela coûterait les trésors de Golconde et ceux plus réels et plus connus de la Banque de France.

Le harem est un gouffre plus profond que l'Etna, un courant plus entraînant que le Gulf-Stream.

Cependant le harem est l'*arca sancta* de l'Orient ; mais l'arche sainte avec les cadeaux, les douaires, les dotations, — pour chaque membre de cette immense famille qui commence au maître, et qui finit au dernier palefrenier du dernier petit cousin de la famille régnante.

*

De même que nous avons indiqué le mal de l'Orient en général, et tâché, sans parti pris, de le montrer dans toute sa formidable gravité ; de même nous allons soulever un coin du voile qui recouvre l'Égypte, et rechercher, si dans son caractère particulier nous trouverons le palliatif destiné à en contre-balancer les effets.

« Aimez vous le *bakchich*, on en a mis partout. »

Bakchich, en arabe d'Égypte, veut dire : — « cadeau, faveur, pourboire. »

C'est le mot le plus universellement répandu de cette langue rauque et hachée, comme le bruit de la noria qui sert à faire monter l'eau du Nil. — C'est le prologue et l'épilogue de toute conversation d'affaires ; l'ambition occulte ou affichée de tout bon fonctionnaire, depuis le Pacha-Muchir jusqu'au dernier Cawass de la police.

Toute affaire, toute fourniture, toute combinaison, quelle qu'elle soit, est subordonnée au bakchich ; et ce dernier est d'autant plus important, d'autant plus multiplié, que l'objet en vue est plus pressant et l'affaire soumise à un plus grand nombre de bureaux.

★

Qui paye ces frais d'à côté et ces munificences forcées, — puisque l'homme d'affaires trouve encore intérêt à les subir, — sinon le gouvernement lui-même et conséquemment, le trésor public ?

De là ces dilapidations perpétuelles et excessives ; sans compter celles qui résultent de la non-exécution des marchés ou des livraisons tronquées qui les accompagnent.

Peut-il en être autrement ?

Non : — car les employés en général, et surtout les subalternes, sont misérablement rétribués ; et de telle façon qu'ils perdent, grâce à de déplorables mesures fiscales, des sommes relativement importantes par l'agio sur le cuivre. — Chacun est donc conduit pour vivre, — et nous parlons toujours des salariés du gouvernement, — à transiger avec son devoir ; et à se rattraper, par l'éternel bakchich, des privations injustes qu'il subit, — en présence d'un traitement dérisoire et des retards volontaires qu'on apporte à le lui servir.

Quant au fellah, c'est-à-dire l'habitant autochthone, l'homme du peuple, il ne possède rien ; et il ne jouit de quelque sécurité qu'à la condition de passer pour avoir moins que rien.

Il s'ensuit qu'il cache le peu d'argent qu'il gagne, avec la même précipitation, la même âpreté que le maître en met à se le procurer.

Mais le jeu n'est pas égal :

Car les besoins de l'un sont insatiables, et les ressources de l'autre des plus limitées.

*

Il est temps, en vérité, de faire bon marché de toutes ces rodomontades relatives à l'extrême fécondité du sol et à la richesse inépuisable de l'Égypte.

Certes le soleil y est généreux, et la terre d'une réelle fertilité ; c'est, du reste, ce qui expliquerait les prodigalités de ses gouvernants depuis le commencement de son histoire. Mais enfin il y a des bornes à tout, et, quels que soient l'excellence du terrain, le nombre des récoltes et la qualité des produits, cela se traduit par une somme.

Or cette somme est relativement d'autant moins élevée que les habitants sont moins aptes à tirer de leurs moyens toutes les ressources que ceux-là comportent.

En effet, l'agriculture manque de bras en Égypte ; elle y est peu développée ; même parfois très-mal entendue (nous n'en donnons pour preuve que les cultures de canne à sucre de la haute Égypte) ; et, pour tout dire, le système de pression et d'impôts qui pèse sur le fellah, sur sa liberté et sur son avoir tout fictif, n'est pas de nature à assurer à celle-ci du développement dans l'avenir.

★

A ce propos, n'oublions pas de dire que l'aristocratie du pays est principalement turque, depuis l'avénement de Méhémet-Ali ; et que, malgré le besoin d'indépendance et le désir intime de s'émanciper de Constantinople, cette même aristocratie subit irrésistiblement l'influence de la métropole.

Tout se fait à la turque en Égypte — « *à la Tourqa* », au même titre qu'en France on prétend tout faire à la parisienne.

Mais entre la race des conquérants, — c'est-à-dire celle qui bénéficie le plus des faveurs du monarque, — et la race fellahine, — celle qui produit, — il y a tout un abîme.

★

Répondant par avance à une question que ne manqueront pas de nous faire quelques lecteurs :

— « Mais si l'Égypte est dans cette triste condition, cela vient évidemment du caractère de la race qui l'habite, »

Nous dirons : « Ceci n'est pas exact, puisque nous venons de voir qu'elle est habitée par deux races musulmanes bien distinctes, — celle des conquérants et celle des soumis. »

Nous ne craignons pas d'être démenti par ceux qui ont habité le pays, en disant que l'Égyptien proprement dit est, au contraire laborieux et économe : —

particularité inhérente à nos compatriotes et la vraie cause de notre grande prospérité.

Nous avons vu l'Égyptien à la tâche, au champ comme à la ville, fournir pour une rétribution assurée une somme de travail considérable. — Mais il est bien évident que l'homme ne se dépense qu'en raison d'un but à atteindre, ou d'un bien-être à recueillir.

Si l'Égyptien pouvait, comme le Français, placer ses économies, — étant admis qu'il en eût, — en achetant un champ, un palmier, et dire : — Ceci est bien à moi ; — la fortune de l'Égypte pourrait aller s'agrandissant, et ce serait au mal dénoncé, le palliatif qui permettrait au gouvernement d'augmenter ses impôts.

*

D'ailleurs la production du sol est insuffisamment favorisée par les canaux d'irrigation.

Napoléon Ier a dit, avec cette puissance d'expression et d'idées qui lui était particulière, qu'il ne devrait point se perdre à la mer une seule goutte de l'eau du Nil. — Cela paraît manifeste en face du résultat salutaire produit par l'inondation du fleuve.

Mais, hélas ! non-seulement il n'en est pas ainsi ;— car autrement il y aurait cent fois plus de terres irriguées qu'il n'y en a ;—mais celles qui le sont n'ont pas d'eau en quantité suffisante, ou en sont immodérément abreuvées.

La fortune entière de l'Égypte réside dans une sage rétribution des eaux et dans l'assèchement calculé des terres , c'est-à-dire dans le régime très-étudié des irrigations au moyen de canaux toujours entretenus, aussi multipliés que possible, et suivant des lois parfaitement déterminées.

Or, sous ce rapport, l'Égypte s'est bien peu modifiée depuis des siècles ; et telle nous la voyons aujourd'hui, telle elle était, à peu de chose près, dans l'antiquité et dans des temps plus modernes.

*

Ainsi donc les ressources du sol y sont larges, il est vrai, mais limitées à un maximum qu'on ne peut dépasser, et dans tous les cas moindres qu'on ne les suppose généralement.

Nous avons dit que le fellah ne possédait rien que la guenille qui lui couvre à peine le dos.

D'autre part, la bourgeoisie, — et l'aisance que comporte ce mot dans nos pays démocratiques, — est absolument inconnue.

Or, en bonne conscience, — en économie politique comme en économie ménagère, — ne faut-il point gagner de l'argent ou bien en posséder *pour faire bouillir la marmite ?* Et quand il ne reste plus que des dettes, est-ce le temps de se former de nouvelles illusions ?

*

Le Vice-Roi d'Égypte, — avons-nous fait pressentir, — est animé d'excellentes intentions.

Mais cela suffit-il ?

Nous ne le croyons pas : car, en sa qualité de souverain absolu, autoritaire, et en raison de sa nature remuante, il veut tout faire par lui-même. Dès lors ses bonnes intentions se noient dans le flot des affaires dont il est surchargé : affaires dont la moindre est l'administration intérieure du pays ou même de sa propre fortune, — et la plus délicate, — la direction des rapports diplomatiques avec les gros bonnets de l'Europe.

En outre, le Khédive est généralement mal entouré. A ses côtés, point d'hommes spéciaux, à longue vue, ayant la pratique des hautes affaires, le génie de l'ordre et le respect sacré du droit des humbles.

Tout y est dû à l'intrigue, à la faveur, à la servilité. C'est toujours le moins méritant qui est choisi, par l'unique raison qu'il a consenti à s'abaisser le plus.

Ce que chacun désire, c'est d'arriver promptement à la fortune, afin d'en jouir à sa guise ou de tenir un rang élevé à côté du monarque. — Mais le temps n'est plus aux joyeux favoris de Saïd-Pacha et à ceux du commencement du règne d'Ismaïl.

— Le nombre en a gâté le métier.

Tant s'en faut, pour notre part, que nous le regrettions ; car tous ces gens ont fait plus de mal à l'Égypte qu'une dynastie de conquérants.

⋆

Certes, nous le répétons, le Vice-Roi est un homme ami du progrès, d'une activité dévorante, plein d'idées et désireux de faire honneur à ses engagements comme à ceux de son pays.

Mais peut-on supposer qu'un homme seul, quelle que soit la supériorité dont il fera preuve, puisse jamais avoir une influence prépondérante sur des institutions séculaires et des mœurs aussi vieilles que le monde ? A quelques lieues du Caire, l'influence même du Khédive n'a plus d'effet. — Que disons-nous ? — elle est annihilée à ses côtés ; — non pas qu'on lui fasse de l'opposition : — jamais souverain ne parut obéi avec plus d'empressement.

Mais les ordres ne sont pas exécutés à la lettre, ou bien ils le sont tout au rebours ; et n'étaient ceux qui émanent directement des services où les Européens dominent comme personnel, ces ordres demeurent lettre morte. Tantôt donnant naissance à une première et excessive impulsion, ils s'arrêtent comme lassés de ce violent effort, et retombent lourdement au milieu de l'apathie universelle.

Force d'inertie : voilà la devise de l'Égypte, comme de tout l'Orient.

L'Égypte ne peut entrer réellement dans la voie du progrès, — ce qui deviendrait la meilleure garantie des capitaux, — que lorsqu'elle aura passé par les crises que subissait naguère Tunis, que subit la Turquie à l'heure actuelle, et de laquelle elle est menacée aujourd'hui.

C'est par le défaut d'économie des gouvernants que le progrès rentrera dans cet ais vermoulu de l'Orient, comme le coin dans le bois.

Supposez une Égypte tant bien que mal administrée, mais assez cependant, pour que ses finances prospèrent : — voilà le pays ancré dans son indolence égoïste, et enlevé pour longtemps encore à la solidarité des nations.

Mais quoi, l'Orient voudrait vivre de notre vie active ; il voudrait, lui aussi, tenter de grandes entreprises, jouir, en un mot, des priviléges de l'Occident, — et il se confinerait dans ses mœurs vieillies, dans son ignorance épaisse et dans son inertie proverbiale !

Eh bien ! la chose n'est pas possible, et c'est par sa prodigalité, encore une fois, — par la pénurie de l'argent, — ce nerf des sociétés modernes, — qu'il devra de faire un pas sérieux en avant.

*

Or cela peut-il se faire sans troubles, sans convulsions, pour ce pays arriéré et placé si près de nous qu'il doit subir tôt ou tard notre influence? — cela peut-il aussi se faire, sans épreuves et même sans déboires pour nous, — qui croyant la contrée à laquelle nous prêtions entre les mains de sages dépositaires, — nous trouvons tout à coup en face d'une dette énorme, dix fois supérieure *relativement* à celle que supporte, après tous ses malheurs, notre propre pays ?

*

Que pouvoir espérer en outre d'une population moralement abâtardie, et assez opprimée pour ne pas même songer à se relever elle-même?

Un exemple donnera une haute idée de cette oppression, dont l'Europe économe et équitable n'a pas même le soupçon.

« Sur une population d'à peu près huit millions
« d'habitants, qui est celle de l'Égypte, — dit l'auteur
« de la brochure citée plus haut, — la dette repré-
« sente 300 francs par tête; et quand on songe que ce
« sont là des têtes de fellahs, c'est-à-dire de pauvres
« gens, serfs de la terre, vivant de petits pains et de
« marc de sésame, on se demande comment ce pays a
« pu trouver un crédit aussi large que celui de l'An-
« gleterre et de la France. »

*

Un simple impôt dont les recettes montent à la

somme importante de 40 millions, le *mokabala* (1),
a déjà été perçu sur six années anticipées.

Que dirions-nous, citoyens, d'un pays libre, si, en
nous réveillant un beau matin, nous recevions un avis
du percepteur réclamant sans coup férir six fois le
montant de nos impôts.

Nous crierions à l'arbitraire, au gaspillage, à l'abus ;
— et nous aurions raison.

Or chez nous cette mesure serait due à une loi
étudiée, débattue et assurément indispensable.

*

— Mais en Égypte il n'en est point ainsi.

— Ce n'est jamais que sur une simple décision de
l'autorité, — aussi bien pour satisfaire des ambitions
personnelles, des satisfactions intimes, que pour faire
face à des besoins journaliers ou à des engagements
inéluctables.

Et de plus, — pour continuer la comparaison, —
nous serait-il possible, avec des charges équivalentes,
de voir l'industrie française se développer ? Même
pourrait-elle supporter de tels fardeaux ? Nous la
verrions prestement décliner, et bientôt mourir d'ina-
nition.

C'est ce qui est arrivé pour l'Égypte, où l'industrie
est absolument nulle aujourd'hui ; — malgré les efforts
sérieux tentés par Méhémet-Ali pour la sortir du
néant, et les sommes énormes tirées du pays et ap-
pliquées à la réalisation de ce projet.

---

(1) *Mokabala*, rachat partiel de la taxe foncière, payé par les
propriétaires et garanti sur leurs immeubles, pour la libération
anticipée de la moitié de l'impôt foncier.

*

Ainsi donc, une agriculture insuffisamment développée et pas l'ombre d'une industrie.

Reste le commerce. — Comment est-il entendu en Égypte?

Il est tout entre les mains du Khédive. — Nous parlons du grand commerce. A part quelques maisons d'Alexandrie faisant à la fois la banque, la commission et le marché du coton ; à part quelques entrepositaires de bois, de charbon et de denrées coloniales, — il n'y a rien.

Quant au Vice-Roi, c'est peut-être le plus grand commerçant du monde entier. C'est lui qui récolte et vend le plus de coton, et qui a le monopole exclusif du sucre. C'est lui aussi qui s'est attribué, sinon en principe, du moins en réalité, le droit de transmission des matières précieuses arrivant du Soudan, telles que les plumes d'autruche, la poudre d'or, les dents d'éléphant, etc.

Mais, en somme, ce n'est jamais qu'une maison de commerce, et, quel que soit le chiffre d'affaires obtenu, il ne peut égaler en bloc ce que produirait le pays librement adonné à des transactions individuelles, et favorisé, dans le débouché de ses produits, par des mesures administratives non-seulement équitables, mais protectrices.

La vente du coton nous ramène directement à la culture de ce précieux arbrisseau, puisque la plupart du temps la vente s'en fait sur pied.

La culture du coton a bien pris en Égypte, où elle se fait, — sinon d'une manière parfaite, — du moins assez bien pour donner de réels bénéfices. — Mais en est-il de même de la canne à sucre ? — Non, à beaucoup près.

★

La culture de la canne à sucre est soumise à des inconvénients de deux sortes. — Elle est d'abord très-coûteuse et par-dessus le marché peu productive. Rien ne prouve aujourd'hui, malgré les essais considérables et des plus onéreux qui ont été faits, qu'elle doive certainement fournir de bons résultats.

L'introduction de la canne à sucre dans la haute Égypte répond à une grande idée.

Mais, hélas ! comme toute chose en ce pays, l'exploitation en est déplorable.

Les champs de cannes sont mal irrigués, mal plantés.

Les moyens d'accès aux usines sont insuffisants et point du tout en rapport avec les usines considérables que l'on a multipliées.

De plus, la gérance de l'exploitation est aux mains de chefs indigènes trop au-dessous de leur mission ; de sorte qu'ils paralysent ou atténuent considérablement les bons effets que l'on était en droit d'attendre d'engins aussi perfectionnés : car ces usines constituent, dans l'ensemble, le dernier mot de la science moderne.

Aussi, soit que les fellahs fussent peu aptes à cette culture, soit que les récoltes fussent moins importantes qu'on ne s'y attendait ; soit que les routes, les chemins de fer ruraux et, en général, tous moyens de transport ou d'irrigation n'atteignissent pas le but ; — on n'a point, — tant s'en faut, — de résultat, approchant même des sacrifices consentis.

Cet autre exemple le prouvera :

La récolte entière de cannes ne suffit pas à alimenter de travail toutes les usines à sucre pendant plus de trente à quarante jours de l'année, alors que celles-ci ont été construites en vue d'un travail dix fois supérieur ; ce qui fait qu'elles restent, durant les autres mois de l'exercice, aussi improductives qu'exposées, sans entretien, à toutes les injures du temps.

Les essais du Vice-Roi n'ont donc pas été fructueux dans le commerce du sucre, — et l'on peut dire en toute assurance et regret, — qu'il a subi dans ses affaires personnelles une atteinte considérable, par la non-réussite des illusions qu'il avait conçues à cet égard.

— * —

Nous savons bien que l'on a prétendu que le Khédive avait beaucoup de cordes à son arc ; — et qu'en supposant même que le vieux sol des Pharaons ne suffit pas à son activité : — il pourrait, quand il le voudrait, s'étendre au loin sur le Nil et augmenter ainsi son territoire et ses ressources, dans une proportion illimitée.

On ne nous parlait de rien moins que de fonder un vaste empire, qui commençant à la Méditerranée, serait limité au sud par le Kilimandjaro et les sources du Nil.

C'était là un rêve absolument chimérique.

L'Égypte, proprement dite, celle qui se termine à Assouan (1ʳᵉ cataracte), est une étroite bande de terrain de deux cents lieues de longueur tout au plus. Elle n'est reliée aux plaines basses, marécageuses et tropicales du Sennaar, que par une vallée beaucoup plus étroite encore, et longue de plus de trois cents lieues, appelée la Nubie.

Il y a donc une réelle impossibilité géographique entre ces deux pays ; — et le jour seulement où Khartoum, qui se trouve sous le quinzième degré, voudra se rendre indépendant de l'Égypte : — cela lui sera la chose la plus facile du monde.

Que dire des beaux projets relatifs au Darfour, où l'Égypte n'éprouve que revers sur revers ? — au pays des lacs, où certaines races sont encore anthropophages ; — et à l'Abyssinie surtout, dont le Khédive semble vouloir entreprendre la conquête ?

*

Quel est donc l'avisé courtisan qui conseilla à Son Altesse cette malencontreuse expédition d'Abyssinie ? L'Abyssinie est située à plus de cinq cents lieues d'Alexandrie ; — plus loin que la Crimée par rapport à la France. — Elle représente donc une expédition lointaine, pleine de périls, — comme elles le sont toutes ; — et sans réel profit, si nous la comparons à nombre de celles que la France a entreprises.

De plus l'Abyssinie est un pays auprès duquel la Savoie n'est qu'une plaine monotone. L'Abyssinie possède des montagnes de 6,000 mètres et des précipices aussi profonds. Elle est habitée par une population chrétienne, indépendante, et plus insaisissable que l'aigle niché dans les rochers.

Comprend-on une Suisse soumise à une nation voisine ? Voyez la résistance de l'Herzégovine en présence d'une nation organisée militairement comme la

Turquie ; et toute la peine des Espagnols à éteindre le carlisme.

Donc la guerre d'Abyssinie est une entreprise folle ; et dût même le résultat, — ce dont nous doutons absolument, — se montrer favorable aux Égyptiens, celle-ci, à elle seule, serait la cause de la ruine du pays qui l'aurait conquise. Or, c'est le pays dont l'Égypte entreprend la conquête, — sous le climat le plus meurtrier qui existe, au prix de sacrifices considérables, et dans l'état de finances où elle se trouve !

Mais vingt mille hommes pour vous, malheureuse Égypte, qui possédez de cinq à huit millions d'habitants tout au plus, c'est comme deux cent mille hommes pour un pays comme la France !

Mais alors, — répondez ; — où voulez vous en venir ?

★

Il s'ensuit que le commerce de l'Égypte n'a plus lieu de se développer beaucoup, puisqu'il est condamné à rester encore longtemps dans les conditions actuelles.

En effet, que l'on raye du chiffre des espérances à concevoir toutes celles relatives à l'Abyssinie, au Darfour et au Donga ; qu'on prenne pour ce qu'elles valent celles qui ont trait à la province de Khartoum, c'est-à-dire au payement d'un tribut plus ou moins élevé, — et voilà tout ; qu'on réduise enfin l'Égypte à ses ressources propres : — celles qui viennent de son propre sol, soit la partie comprise entre la Méditerranée et Dongola. On aura alors le bilan exact et déjà très-convenable, à notre sens, de ce pays dont on a souvent exagéré les ressources.

*

On a beaucoup parlé de l'Égypte depuis le canal de Suez. La gloire ancienc qui s'attache à son nom n'avait pas peu contribué à le remettre dans toutes les bouches.

Cela était naturel ; et d'ailleurs on peut dire que c'est par le canal de Suez que l'Égypte est désormais appelée à vivre.

Mais c'est à la condition expresse qu'elle se rapprochera de plus en plus de ce passage, appelé à mettre en communication l'Orient et l'Occident ; — et qu'elle tentera de faire disparaître le désert qui sépare encore la vallée du Nil de celui-là.

Quand des canaux sillonneront le désert de Suez, que l'antique vallée de Gessen sera rendue à la culture, que les vastes marécages du lac Menzaleh, et le lac lui-même, redeviendront les plaines verdoyantes que les Khalifes avaient connues ; — alors, l'Égypte, accotée au canal de Suez, formera comme la station naturelle et inévitable de cette grande ligne destinée à relier les deux mondes.

Son avenir est là, non ailleurs.

Mais cela est encore bien loin d'exister, et c'est à ce merveilleux projet qu'aurait dû s'arrêter le Khédive ; — *après avoir toutefois assuré, par le projet de consolidation qu'on nous fait espérer aujourd'hui, les intérêts de ses prêteurs.*

Au lieu de cela, qu'a-t-il fait ?

*

Tandis qu'il se mettait arbitrairement au lieu et place de toute chose, et subissait dans ses affaires personnelles les pertes inhérentes à la dilapidation universelle;

Tandis qu'il employait ses immenses ressources, — hélas! aujourd'hui bien restreintes, — à des aventures plus ou moins profitables, à des conquêtes plus ou moins fructueuses, et à des magnificences plus ou moins raisonnées;

Il voyait ses coffres se vider peu à peu, son crédit s'envoler en fumée, et sa réserve diminuer au fur et à mesure de la diminution de la fortune publique.

Mais, comme a dit Montesquieu, auquel il faut toujours revenir en matière de philosophie politique : — « Les fautes que font les hommes d'État ne sont pas toujours libres ; souvent ce sont des suites nécessaires de la situation où l'on est ; et les inconvénients ont fait naître les inconvénients. »

*

On peut nous accuser, — dans cet exposé rapide et peut-être un peu diffus, — d'avoir, pour les besoins de la cause, confondu les affaires du Vice-Roi et de son gouvernement.

Cela peut être en apparence, mais n'est pas vrai en réalité ; car toutes ces choses se confondent bien réellement, — pour le plus grand bonheur des populations et la plus grande majesté du souverain.

Dites : — Y avait-il chez nous un budget régulier et une administration distincte avant qu'il y eût une représentation nationale ? — Qu'est-ce que des chiffres alignés par la partie intéressée prouvent ? — Sous quelle forme la population égyptienne peut-elle rétorquer des allégations erronées, ou revendiquer ses droits ?

*

Le fellah, pauvre être ignorant et stupide, est encore à l'heure présente à l'état de vassalité où se trouvaient les peuples au moyen âge.

Vous dira-t-il, par l'organe de ses mandataires, quel est l'usage qui a été fait des deniers publics ; et comment il se fait que lui, malheureux, végète depuis des siècles : — depuis les Pharaons qui lui ont fait construire les pyramides, jusqu'aux souverains modernes qui ont dilapidé ses millions ?

Vous dira-t-il comment les choses se sont passées ?

Ce qu'il sait bien, c'est qu'il est misérable et opprimé ; — ce qu'il sent, c'est son infériorité morale, tellement basse et abjecte qu'il ne se doute même pas qu'un état meilleur soit possible ; — ce qu'il voit, c'est sa nudité, ses plaies, sa saleté, sa honteuse misère, — à côté de la magnificence écrasante de l'homme auquel l'Europe a prêté son épargne : — autant pour la faire fructifier, — que pour voir le cercle des transactions s'agrandir, le commerce se développer, l'industrie fleurir, — en un mot le progrès se manifester dans ce monde nouveau, — puisqu'il se croit déjà à l'étroit dans l'ancien.

*

Aujourd'hui les valeurs oscillent gravement, et les cœurs palpitent d'émotion en attendant le résultat de la mission des hommes techniques envoyés pour explorer le pays, se rendre compte de son délabrement, et indiquer le moyen de le reprendre en sous-œuvre.

M. Stephen Cave, dont le rapport est enfin déposé, a-t-il vu les choses au même point de vue que celui où nous nous sommes placé ?

Nous le saurons prochainement.

Deux hommes très-experts en la matière, un Italien et un Français, sont partis à leur tour.

Qu'en adviendra-t-il ?.....

Pour nous : — avec le profond regret et la conscience que nous donne une question examinée depuis long-temps, à la suite d'illusions partagées un instant par nous et qui ne se sont pas vérifiées, — nous prédisons à toute tentative d'accord, à toute mesure restrictive, à toute combinaison financière, un résultat, sinon défavorable, du moins de courte durée.

Car, on n'aura plus à traiter là, — comme à Tunis, — de l'organisation des recettes, mais plutôt du règlement de la dépense ; — et la dépense, nous croyons l'avoir assez démontré, ne provient point tant encore des prodigalités du souverain, que d'un ensemble d'institutions profondément enracinées dans le pays, et de mœurs qui ne disparaîtront qu'avec l'écroulement des principes qui y ont donné naissance.

Déjà la vieille Europe a flairé le cadavre, et des corbeaux se sont abattus sur l'Égypte, pour la dépecer.

Cela est peut-être prématuré, mais cela dénote l'acuité de la maladie.

Espérons qu'elle en réchappera !

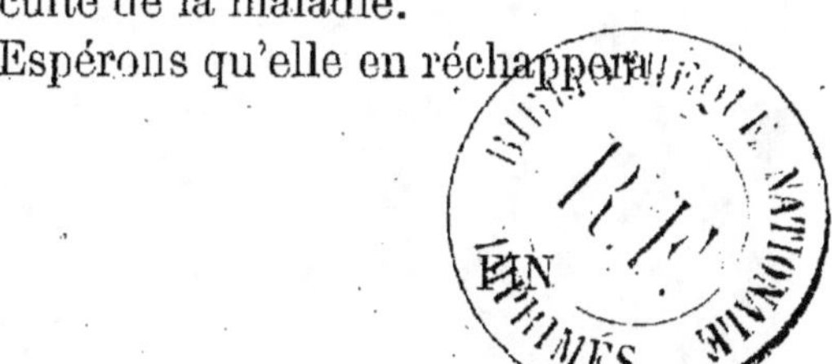

3360 Paris. — Imprimerie Arnous de Rivière et Cᵒ, rue Racine, 26.